Lettre à Ménécée

D'AUTRES GRANDS TEXTES DE PHILOSOPHIE EN LIBRIO

Traité sur la tolérance, Librio n° 1086
Du contrat social, Librio n° 1085
Gorgias, Librio n° 1075
Apologie de Socrate, Librio n° 635
L'Utopie, Librio n° 317
Discours de la méthode, Librio n° 299
Le Prince, Librio n° 163
Le Banquet, Librio n° 76

Épicure

Lettre à Ménécée

et autres lettres sur le bonheur

Traduites par Octave Hamelin
et Jean Salem

Texte intégral

© Éditions Nathan pour les lettres,
traduites par Octave Hamelin et Jean Salem

Sommaire

Lettres 9

    Lettre à Ménécée sur le bonheur 11

    Lettre à Hérodote 19

    Lettre à Pythoclès 39

Maximes 55

LETTRES

*Traduites du grec
par Octave Hamelin et Jean Salem*

LETTRE À MÉNÉCÉE SUR LE BONHEUR

Épicure à Ménécée, salut.

Quand on est jeune il ne faut pas remettre à philosopher, et quand on est vieux il ne faut pas se lasser de philosopher. Car jamais il n'est trop tôt ou trop tard pour travailler à la santé de l'âme. Or celui qui dit que l'heure de philosopher n'est pas encore arrivée ou est passée pour lui, ressemble à un homme qui dirait que l'heure d'être heureux n'est pas encore venue pour lui ou qu'elle n'est plus. Le jeune homme et le vieillard doivent donc philosopher l'un et l'autre, celui-ci pour rajeunir au contact du bien, en se remémorant les jours agréables du passé ; celui-là afin d'être, quoique jeune, tranquille comme un ancien en face de l'avenir. Par conséquent il faut méditer sur les causes qui peuvent produire le bonheur puisque, lorsqu'il est à nous, nous avons tout, et que, quand il nous manque, nous faisons tout pour l'avoir.

Attache-toi donc aux enseignements que je n'ai cessé de te donner et que je vais te répéter ; mets-les en pratique et médite-les, convaincu que ce sont là les principes nécessaires pour bien vivre. Commence par te persuader qu'un dieu est un vivant immortel et bienheureux, te conformant en cela à la notion commune qui en est tracée en nous. N'attribue jamais à un dieu rien qui soit en opposition avec l'immortalité ni en désaccord avec la béatitude ; mais regarde-le toujours comme possédant tout ce que tu trouveras capable d'assurer son immortalité et sa béatitude. Car les dieux existent, attendu que la connaissance qu'on en a est évidente.

Mais, quant à leur nature, ils ne sont pas tels que la foule le croit. Et l'impie n'est pas celui qui rejette les dieux de la foule : c'est celui qui attribue aux dieux ce que leur prêtent les opinions de la foule. Car les affirmations de la foule sur les dieux ne sont pas des prénotions, mais bien des présomptions fausses. Et ces présomptions fausses font que les dieux sont censés être pour les méchants la source des plus grands maux comme, d'autre part, pour les bons la source des plus grands biens. Mais la multitude, incapable de se déprendre de ce qui est chez elle et à ses yeux le propre de la vertu, n'accepte que des dieux conformes à cet idéal et regarde comme absurde tout ce qui s'en écarte.

Prends l'habitude de penser que la mort n'est rien pour nous. Car tout bien et tout mal résident dans la sensation : or la mort est privation de toute sensibilité. Par conséquent, la connaissance de cette vérité que la mort n'est rien pour nous nous rend capables de jouir de cette vie mortelle, non pas en y ajoutant la perspective d'une durée infinie, mais en nous enlevant le désir de l'immortalité. Car il ne reste plus rien à redouter dans la vie, pour qui a vraiment compris que hors de la vie il n'y a rien de redoutable. On prononce donc de vaines paroles quand on soutient que la mort est à craindre, non pas parce qu'elle sera douloureuse étant réalisée, mais parce qu'il est douloureux de l'attendre. Ce serait en effet une crainte vaine et sans objet que celle qui serait produite par l'attente d'une chose qui ne cause aucun trouble par sa présence.

Ainsi celui de tous les maux qui nous donne le plus d'horreur, la mort, n'est rien pour nous, puisque, tant que nous existons nous-mêmes, la mort n'est pas, et que, quand la mort existe, nous ne sommes plus. Donc la mort n'existe ni pour les vivants ni pour les morts, puisqu'elle n'a rien à faire avec les premiers, et que les seconds ne sont plus. Mais la multitude tantôt fuit la mort comme le pire des maux, tantôt l'appelle comme le terme des maux de la vie. Le sage, au contraire, ne fait pas fi de la vie et il n'a pas peur non plus de ne plus vivre : car la vie ne lui est pas à charge, et il n'estime pas non plus qu'il y ait le moindre mal à ne plus vivre. De même que ce n'est pas toujours la nourriture la plus abondante que nous préférons, mais parfois la plus agréable, pareillement ce n'est pas toujours la plus longue durée qu'on veut recueillir, mais la plus agréable. Quant à ceux qui conseillent aux jeunes gens de bien vivre et aux vieillards de bien finir, leur conseil est dépourvu de sens, non seulement parce que la vie a du bon même pour le vieillard, mais parce que le soin de bien vivre et celui de bien mourir ne font qu'un. On fait pis encore quand on dit qu'il est bien de ne pas naître, ou, « une fois né, de franchir au plus vite les portes de l'Hadès ». Car si l'homme qui tient ce langage est convaincu, comment ne sort-il pas de la vie ? C'est là en effet une chose qui est toujours à sa portée, s'il veut sa mort d'une volonté ferme. Que si cet homme plaisante, il montre de la légèreté en un sujet qui n'en comporte pas. Rappelle-toi que l'avenir n'est ni à nous ni pourtant tout à fait hors de nos prises, de telle sorte que nous ne devons ni compter sur lui comme s'il devait sûrement arriver, ni nous interdire toute espérance, comme s'il était sûr qu'il dût ne pas être.

Il faut se rendre compte que parmi nos désirs les uns sont naturels, les autres vains, et que, parmi les désirs naturels, les uns sont nécessaires et les autres naturels seulement. Parmi les désirs nécessaires, les uns sont nécessaires pour le bonheur, les autres pour la tranquillité du corps, les autres pour la vie même. Et en effet une théorie non erronée des désirs doit rapporter tout choix et toute aversion à la santé du corps et à l'ataraxie de l'âme, puisque c'est là la perfection même de la vie heureuse. Car nous faisons tout afin d'éviter la douleur physique et le trouble de l'âme. Lorsqu'une fois nous y avons réussi, toute l'agitation de l'âme tombe, l'être vivant n'ayant plus à s'acheminer vers quelque chose qui lui manque, ni à chercher autre chose pour parfaire le bien-être de l'âme et celui du corps. Nous n'avons en effet besoin du plaisir que quand, par suite de son absence, nous éprouvons de la douleur ; et quand nous n'éprouvons pas de douleur nous n'avons plus besoin du plaisir. C'est pourquoi nous disons que le plaisir est le commencement et la fin de la vie heureuse. En effet, d'une part, le plaisir est reconnu par nous comme le bien primitif et conforme à notre nature, et c'est de lui que nous partons pour déterminer ce qu'il faut choisir et ce qu'il faut éviter ; d'autre part, c'est toujours à lui que nous aboutissons, puisque ce sont nos affections qui nous servent de règle pour mesurer et apprécier tout bien quelconque si complexe qu'il soit. Mais, précisément parce que le plaisir est le bien primitif et conforme à notre nature, nous ne recherchons pas tout plaisir, et il y a des cas où nous passons par-dessus beaucoup de plaisirs, savoir lorsqu'ils doivent avoir pour suite des peines qui les surpassent ; et, d'autre part, il y a des douleurs que nous estimons valoir mieux que des plaisirs, savoir lorsque, après avoir longtemps supporté les douleurs, il doit résulter de là pour nous un plaisir qui les surpasse. Tout plaisir, pris en lui-même et dans sa nature propre, est donc un bien, et cependant tout plaisir n'est pas à rechercher ; pareillement, toute douleur est un mal, et pourtant toute douleur ne doit pas être évitée. En tout cas, chaque plaisir et chaque douleur doivent être appréciés par une comparaison des avantages et des inconvénients à attendre. Car le plaisir est toujours le bien, et la douleur le mal ; seulement il y a des cas où nous traitons le bien comme un mal, et le mal, à son tour, comme un bien. C'est un grand bien à notre avis que de se suffire à soi-même, non qu'il faille toujours vivre de peu, mais afin que si l'abondance nous manque, nous sachions nous contenter du peu que nous aurons, bien persuadés que ceux-là jouissent le plus vivement de l'opulence qui ont le moins besoin d'elle, et que tout ce qui est naturel est aisé à se procurer, tandis que ce qui ne répond pas à un désir naturel est malaisé à se procurer. En effet, des mets simples donnent un plaisir égal à celui d'un régime somptueux si toute la douleur causée par le besoin est supprimée, et, d'autre part, du pain d'orge et de l'eau procurent le plus vif plaisir à celui qui les porte à sa bouche après en avoir senti la privation. L'habitude d'une nourriture simple et non pas celle d'une nourriture luxueuse, convient donc pour donner la pleine santé, pour laisser à l'homme toute liberté de se consacrer aux devoirs nécessaires de la vie, pour nous disposer à mieux goûter les repas luxueux, lorsque nous les faisons après des intervalles de vie frugale, enfin pour nous mettre en état de ne pas craindre la mauvaise fortune. Quand donc nous disons que le plaisir est le but de la vie, nous ne parlons pas des plaisirs des voluptueux inquiets, ni de ceux qui consistent dans les jouissances déréglées, ainsi que l'écrivent des gens qui ignorent notre doctrine, ou qui la combattent et la prennent dans un mauvais sens. Le plaisir dont nous parlons est celui qui consiste, pour le corps, à ne pas souffrir et, pour l'âme, à être sans trouble. Car ce n'est pas une suite ininterrompue de jours passés à boire et à manger, ce n'est pas la jouissance des jeunes garçons et des femmes, ce n'est pas la saveur des poissons et des autres mets que porte une table somptueuse, ce n'est pas tout cela qui engendre la vie heureuse, mais c'est le raisonnement vigilant, capable de trouver en toute circonstance les motifs de ce qu'il faut choisir et de ce qu'il faut éviter, et de rejeter les vaines opinions d'où provient le plus grand trouble des âmes. Or, le principe de tout cela et par conséquent le plus grand des biens, c'est la prudence. Il faut donc la mettre au-dessus de la philosophie même, puisqu'elle est faite pour être la source de toutes les vertus, en nous enseignant qu'il n'y a pas moyen de vivre agréablement si l'on ne vit pas avec prudence, honnêteté et justice, et qu'il est impossible de vivre avec prudence, honnêteté et justice si l'on ne vit pas agréablement. Les vertus en effet, ne sont que des suites naturelles et nécessaires de la vie agréable et, à son tour, la vie agréable ne saurait se réaliser en elle-même et à part des vertus.

Et maintenant y a-t-il quelqu'un que tu mettes au-dessus du sage ? Il s'est fait sur les dieux des opinions pieuses ; il est constamment sans crainte en face de la mort ; il a su comprendre quel est le but de la nature ; il s'est rendu compte que ce souverain bien est facile à atteindre et à réaliser dans son intégrité, qu'en revanche le mal le plus extrême est étroitement limité quant à la durée ou quant à l'intensité ; il se moque du destin, dont certains font le maître absolu des choses ; et certes mieux vaudrait s'incliner devant toutes les opinions mythiques sur les dieux que de se faire les esclaves du destin des physiciens, car la mythologie nous promet que les dieux se laisseront fléchir par les honneurs qui leur seront rendus, tandis que le destin, dans son cours nécessaire, est inflexible ; il n'admet pas, avec la foule, que la fortune soit une divinité – car un dieu ne fait jamais d'actes sans règles –, ni qu'elle soit une cause inefficace : il ne croit pas, en effet, que la fortune distribue aux hommes le bien et le mal, suffisant ainsi à faire leur bonheur et leur malheur, il croit seulement qu'elle leur fournit l'occasion et les éléments de grands biens et de grands maux ; enfin il pense qu'il vaut mieux échouer par mauvaise fortune, après avoir bien raisonné, que réussir par heureuse fortune, après avoir mal raisonné – ce qui peut nous arriver de plus heureux dans nos actions étant d'obtenir le succès par le concours de la fortune lorsque nous avons agi en vertu de jugements sains.

Médite donc tous ces enseignements et tous ceux qui s'y rattachent, médite-les jour et nuit, à part toi et aussi en commun avec ton semblable. Si tu le fais, jamais tu n'éprouveras le moindre trouble en songe ou éveillé, et tu vivras comme un dieu parmi les hommes. Car un homme qui vit au milieu de biens impérissables ne ressemble en rien à un être mortel.

LETTRE À HÉRODOTE

Épicure à Hérodote, salut.

On ferait une bonne œuvre, Hérodote, en procurant un abrégé de toute la matière qui permît de retenir mes opinions principales à ceux qui ne peuvent lire en les approfondissant tous mes écrits sur la nature, ni étudier les livres plus longs que celui-ci que j'ai composés. On mettrait ainsi ces hommes en état de se tirer d'affaire par eux-mêmes, en toute circonstance, dans les principales difficultés qu'ils rencontreraient lorsqu'ils voudraient toucher à l'étude de la nature. D'autre part, ceux qui ont fait assez de progrès dans la connaissance de mes traités complets ont eux-mêmes besoin de se souvenir des traits saillants et résumés de toute la doctrine. Nous avons en effet besoin de nous appliquer souvent à saisir l'ensemble, moins souvent de nous appliquer à saisir les détails. Il faut donc sans cesse viser aux vues d'ensemble, comme aux détails, et nous devons garnir notre mémoire de telle façon que nous en puissions tirer et des vues dominantes sur les choses, et de quoi découvrir le sens profond des détails. Double résultat auquel nous arriverons en comprenant et en retenant bien les traits les plus universels de la doctrine. Et en effet, ce qui constitue l'essence d'une connaissance approfondie de toute la doctrine, c'est de pouvoir saisir par une action rapide l'un quelconque de ses objets, par le fait d'être en état de ramener chacun d'eux à des éléments simples et à des formules. Cela est si vrai qu'on ne saurait attribuer une connaissance condensée de toute la doctrine sur la nature, acquise en en faisant sans cesse le tour, à celui qui serait incapable de résumer pour soi en peu de mots les détails eux-mêmes, s'il les a approfondis. Puis donc que cette méthode qui consiste à revenir aux vues d'ensemble est utile à tous ceux qui ont affaire avec la physique, moi qui recommande de consacrer à la physique une activité constante, et qui trouve dans cette occupation ce qui procure le plus de calme à la vie, j'ai composé pour toi cet abrégé élémentaire de toutes mes opinions duquel je parlais tout à l'heure.

Il faut commencer, Hérodote, par saisir les notions placées sous les mots essentiels, afin de pouvoir, en rapportant à ces notions nos opinions, nos problèmes et nos difficultés, nous faire un jugement sur ces trois choses : car autrement nous ne pourrions juger de rien, condamnés à remonter à l'infini pour chercher une démonstration, ou n'ayant à notre disposition que des mots vides. Pour avoir, en effet, un terme fixe auquel nous puissions rapporter nos problèmes, nos difficultés et nos opinions, il faut que nous sachions voir sous chaque mot la notion primitive qu'il désigne, et que nous n'ayons pas besoin qu'on nous démontre que cette notion est bien ce que nous disons. En second lieu, il faut explorer les choses en les confrontant avec les sensations et, d'une manière générale, avec les appréhensions immédiates soit de la pensée, soit de n'importe quel critère, avec les affections présentes également : de cette façon nous pourrons faire des inférences sur ce qui est en suspens et sur l'invisible.

Ces deux points bien compris, on est prêt pour l'étude des choses invisibles. La première chose qu'il faut se dire en l'abordant, c'est que rien ne vient du non-être : car si, pour se produire, les choses n'avaient pas besoin de germer, tout pourrait naître de tout. En second lieu, il faut savoir que si ce qui disparaît aux yeux se résolvait en non-être, toutes les choses auraient péri, puisque ce en quoi elles se seraient résolues serait du non-être. Ajoutons, comme conséquence de ces deux principes, que l'univers a toujours été et sera toujours ce qu'il est. Il n'y a rien d'autre en effet en quoi il puisse se changer, ni rien, non plus, en dehors de lui, qui puisse agir sur lui pour le faire changer. L'univers est composé de corps et de vide. L'existence des corps nous est garantie par-dessus tout par la sensation, car c'est sur elle que se règlent, comme je l'ai dit, toutes les conjectures que le raisonnement dirige vers l'invisible. Quant à l'espace, que nous appelons aussi le vide, l'étendue, l'essence intangible, s'il n'existait pas, les corps n'auraient ni siège où résider ni intervalle où se mouvoir, comme nous voyons qu'ils se meuvent. Hors de ces deux choses, on ne peut plus rien saisir d'existant, ni sensiblement ni par analogie au sensible ; rien d'existant à titre de substances complètes, car il n'est pas ici question de ce que nous appelons les attributs ou accidents de ces substances. Maintenant, parmi les corps, on doit distinguer les composés et ceux dont les composés sont faits : ces derniers corps sont insécables et immuables – et il le faut bien pour que toutes choses ne se résolvent pas en non-être et pour qu'il y ait des réalités capables de subsister dans la dissolution des composés ; de plus, ces corps élémentaires sont essentiellement pleins, de sorte que la dissolution ne sait par où ni comment les prendre. Et, par là, les éléments des corps sont des substances insécables.

L'univers est infini. En effet, ce qui est fini a une extrémité. Or, une extrémité ne se perçoit que par rapport à quelque chose d'extérieur à ce dont elle est l'extrémité : mais l'univers ne peut pas être perçu par rapport à quelque chose d'extérieur à lui, puisqu'il est l'univers ; il n'a donc point d'extrémité et par conséquent point de limite et, n'ayant point de limite, il doit être infini et non pas fini. Ajoutons que l'univers est encore infini et quant au nombre de corps qu'il renferme, et quant à la grandeur du vide qui est en lui. En effet, d'une part, si le vide était infini et si les corps étaient en nombre fini, les corps ne pourraient s'arrêter nulle part, mais ils se disperseraient emportés à travers l'infini du vide, puisqu'ils ne trouveraient jamais de support où s'appuyer, ni rien qui, par des chocs, pût les rassembler. Et, d'autre part, si le vide était fini et les corps en nombre infini, ceux-ci n'auraient pas de place assez ample pour y résider.

Les corps insécables et pleins, dont sont formés et dans lesquels se résolvent les composés, présentent un nombre de formes différentes trop grand pour que nous puissions le saisir : car le nombre prodigieux des formes différentes offertes par les composés ne peut pas provenir d'un nombre concevable de formes élémentaires toujours les mêmes. De plus, chaque sorte de forme comporte un nombre infini d'exemplaires ; mais, envisagées quant à leurs différences, les formes ne sont pas en nombre absolument infini : elles dépassent seulement tout nombre concevable, à moins qu'on ne s'avise de considérer les grandeurs des atomes comme pouvant aller à l'infini. Ajoutons que les atomes sont, depuis l'éternité, dans un mouvement perpétuel. Les uns dans leur mouvement laissent subsister entre eux de très grandes distances ; les autres, au contraire, gardent là même leur vibration, s'ils se trouvent pris dans un enchevêtrement ou enveloppés par des atomes enchevêtrés. Et en effet, ce résultat provient d'abord du vide qui, au sein même des composés, isole en lui-même chacun des atomes, faisant ainsi que rien n'appuie sur chacun des atomes pour l'immobiliser ; puis, d'autre part, la solidité qui appartient aux atomes fait qu'ils rebondissent après le choc, autant du moins que leur enveloppement par le composé leur permet de reprendre, à la suite du choc, leur position primitive. Il n'y a pas de commencement à ces mouvements, parce que les atomes et le vide sont éternels.

Voilà assez de paroles, à la condition qu'on se souvienne de tout ce que nous avons dit, pour donner à toutes les pensées sur la nature des êtres substantiels un moule suffisant.

Ce n'est pas seulement le nombre des atomes, c'est celui des mondes qui est infini dans l'univers. Il y a un nombre infini de mondes semblables au nôtre et un nombre infini de mondes différents. En effet puisque les atomes sont en nombre infini, comme nous l'avons dit tout à l'heure, il y en a partout, leur mouvement les portant même jusque dans les lieux les plus éloignés. Et d'autre part, toujours en vertu de cette infinité en nombre, la quantité d'atomes propres à servir d'éléments, ou, autrement dit, de causes, à un monde, ne peut être épuisée par la constitution d'un monde unique, ni par celle d'un nombre fini de mondes, qu'il s'agisse d'ailleurs de tous les mondes semblables au nôtre ou de tous les mondes différents. Il n'y a donc rien qui empêche l'existence d'une infinité de mondes.

Il y a, outre les corps solides, des répliques de même forme qu'eux et qui dépassent de loin en subtilité tout ce que nous percevons. Il n'est point impossible, en effet, qu'il se répande dans le milieu qui entoure les corps, des émanations de ce genre, ni que ce milieu présente les conditions favorables à la constitution d'enveloppes creuses et lisses, ni que les effluves partis des solides conservent, par la suite, dans ce milieu, la position et l'ordre qu'ils avaient dans les solides mêmes. Ces répliques, nous les appelons des simulacres. Parlons maintenant de leur mouvement. Un mouvement qui se poursuit dans le vide, sans qu'aucun obstacle doive lui résister, franchit toute distance imaginable, en un temps inconcevable : car ce sont la résistance et la non-résistance qui communiquent au mouvement l'aspect de la lenteur et de la rapidité. Cependant, il n'est pas vrai qu'un corps qui se meut dans ces temps, dont le raisonnement seul nous révèle l'existence, arrive à pareil instant au terme de distances plus grandes et de distances plus petites, car cela est à son tour inconcevable ; et, d'autre part, si un corps en mouvement met un temps perceptible pour arriver depuis un point quelconque de l'infini, il ne s'ensuit pas qu'il n'arrivera pas, en un temps imperceptible, depuis un lieu à partir duquel son mouvement soit saisissable pour nous : car il sera vrai qu'en elle-même sa vitesse sera proportionnelle aux résistances, quoique, pendant la durée du mouvement que nous observons, nous lui laissions, relativement à nous, une vitesse telle que celle qui n'aurait rencontré aucune résistance. Voilà un principe utile à retenir. Maintenant qu'il est posé, remarquons que rien dans les phénomènes ne contredit l'idée que la subtilité des simulacres est insurpassable, et concluons, en nous appuyant sur le principe indiqué, qu'ils ont des vitesses insurpassables, car ils sont capables d'accomplir, aussi vite qu'on veut, un trajet quelconque, puisqu'à un nombre infini d'entre eux rien (ou peu de chose) ne fait obstacle, tandis que pour beaucoup et même pour une infinité quelque chose aussitôt fait obstacle.

Ajoutons que la génération des simulacres est rapide comme la pensée. Et en voici les raisons : leurs éléments sont toujours prêts, sortant de la surface des corps par un écoulement continuel, sans qu'il s'ensuive pour ceux-ci une diminution sensible et révélatrice, parce que la perte est compensée ; puis, sortis des corps, les éléments des simulacres n'ont qu'à conserver, et conservent chacun pendant longtemps, la position et l'ordre où ils se trouvaient à la surface de ces corps, bien qu'il survienne parfois de la confusion ; enfin, comme il n'est pas nécessaire que les simulacres soient remplis en profondeur, des assemblages serrés se forment rapidement dans l'atmosphère. Il y a encore d'autres causes qui produisent également des simulacres, comme on peut l'admettre ; car ni ces divers modes de formation ni rien de ce que nous avons dit jusqu'ici touchant les simulacres, n'est contredit par les sensations, et bien loin de là, ainsi qu'on s'en apercevra en se demandant comment faire pour apporter, des objets extérieurs jusqu'à nous, des représentations qui garantissent évidemment l'existence de ces objets et qui, d'autre part, leur soient conformes.

Il faut admettre que c'est parce que quelque chose des objets extérieurs pénètre en nous que nous voyons les formes et que nous pensons. Car les objets extérieurs ne sauraient imprimer en nous, à travers l'air, les couleurs et les formes qu'ils possèdent en eux-mêmes, ni nous les laisser saisir par des rayons ou par un courant de nature quelconque allant de nous à eux ; rien de tout cela n'est satisfaisant comme d'admettre que des répliques détachées des objets et en reproduisant les formes et les couleurs entrent, sous des grandeurs proportionnellement réduites, dans nos yeux ou dans notre esprit ; elles sont d'ailleurs animées d'un mouvement rapide, ce qui les rend aptes à produire par leur accumulation, l'image d'un objet unique et permanent, et conservant leur conformité avec l'objet, malgré le vide de leur intérieur, parce que l'objet a donné à chacune de leurs surfaces un appui suffisant, au moyen de l'impulsion imprimée au simulacre, dans le sens de l'intérieur à l'extérieur, par les atomes vibrants du corps solide et plein qui le lance dans le milieu. Ainsi l'image que nous saisissons par l'activité de notre pensée ou par celle de nos sens, qu'il s'agisse d'une forme ou d'un attribut essentiel de la forme, est la forme du solide, c'est-à-dire de l'objet même, c'est la forme de l'objet réel produite par la fréquence successive du simulacre ou par ce qui en reste. Pour ce qui est de l'erreur et de la fausseté, elles résident toujours dans l'opinion que nous formons touchant l'objet de notre attente, en regardant cette opinion comme devant être confirmée, ou comme ne devant pas être infirmée par les sensations, alors qu'il se trouve, par la suite, que la confirmation manque ou que le démenti survient. Et notre théorie explique tout ce qu'il faut : car, d'une part, s'il n'y avait pas des simulacres lancés vers nous, on ne saurait expliquer la ressemblance que présentent, avec ce qu'on appelle les êtres réels, ces fantômes tels que les images des miroirs ou des rêves ou tels que les images résultant d'une représentation de notre pensée, ou de l'un des autres critères ; et, d'autre part, l'erreur ne saurait se produire si nous ne pouvions saisir en nous-mêmes l'existence d'une action liée à l'appréhension de l'image, mais qui s'en écarte cependant. Si l'affirmation produite par cet acte d'opiner n'est pas confirmée ou est infirmée, il y a erreur ; si elle est confirmée ou n'est pas infirmée, il y a vérité. Voilà une doctrine qu'il faut maintenir fermement : d'une part, afin de ne pas renverser les critères que nous fournit sous diverses formes l'évidence sensible ; de l'autre, afin de ne pas mettre le faux sur le même pied que le vrai et par là porter dans tous les domaines le trouble et la confusion.

L'audition aussi est produite par un certain courant transmis à nous depuis le sujet qui émet la voix, ou depuis la chose qui fait écho, ou depuis la chose qui produit le son, enfin depuis ce qui, d'une manière quelconque, nous procure l'affection auditive. Ce courant se divise en solides qui retiennent la configuration du tout, se maintenant ainsi conformes les uns aux autres, et conservant chacun avec l'objet qui les émet une identité de nature : double qualité grâce à laquelle ils nous permettent de remonter à l'objet émetteur et à défaut de laquelle ils rendent seulement manifeste son existence hors de nous ; car s'il ne nous est pas transmis depuis l'objet une représentation à lui conforme, la sensation représentative dont nous parlons ne saurait avoir lieu. Tel est le mécanisme de l'audition. Il ne faut donc pas croire que l'air lui-même soit façonné par la voix lancée au-dehors ou par toute autre chose sonore, car il s'en faut de beaucoup qu'il puisse éprouver une telle modification par le fait de la voix. La vérité est que, quand nous émettons la voix, le choc qui se produit dans notre gosier détermine hors de nous un mouvement conforme de certains solides dont la réunion constitue un courant et comme un souffle, et c'est ce mouvement qui nous procure l'affection auditive. Pour ce qui est de l'odeur, à son tour, il faut admettre que, ainsi qu'il arrive pour l'audition, elle ne produirait sur nous aucune affection, s'il n'y avait des corpuscules massifs transmis de l'objet jusqu'à nous, et aptes à exciter le sens de l'odorat ; les uns de ces corpuscules l'excitant de manière à le troubler et à contrarier sa nature, les autres sans le troubler et conformément à sa nature.

Il faut admettre que, de toutes les qualités qui nous apparaissent dans les corps, les atomes n'en présentent pas d'autres que la forme, le poids, la grandeur, avec tout ce qui est inséparable de la forme. En effet, toute qualité, c'est-à-dire toute qualité sensible proprement dite, est sujette au changement, tandis que les atomes ne changent point, puisqu'il faut que, dans la dissolution des composés, quelque chose de solide et d'indissoluble subsiste, quelque chose qui produise les changements par un simple déplacement de parties, et non pas par un passage au non-être ni par un élan hors du non-être. Or, il est nécessaire que ce qui ne fait que se déplacer soit incorruptible et étranger au changement, mais doué d'une masse et d'une forme propres, car il faut nécessairement supposer ces deux qualités dans la chose qui se déplace.

En effet, dans les choses de notre expérience qui changent de forme, celle-ci est saisie comme leur étant inhérente ; mais il n'en est pas des qualités comme de cette dernière : elles disparaissent entièrement du corps qui change. Ces éléments qui restent suffisent donc pour produire toutes les différences qui diversifient les composés, puisqu'il faut bien que quelque chose subsiste dans le changement, afin que tout ne se résolve pas en non-être.

Il ne faut pas croire, si nous ne voulons pas être contredits par les faits, que les atomes puissent avoir toutes les grandeurs possibles, mais il faut admettre qu'il y a des différences de grandeur. Car cela étant ajouté, on pourra mieux expliquer les affections et les sensations. Mais admettre toutes sortes de grandeurs dans les atomes est inutile pour rendre compte de la variété des qualités.

Si d'ailleurs il y avait des atomes de toute grandeur, il faudrait que certains d'entre eux vinssent à tomber sous le sens de la vue, ce qui ne s'observe pas ni ne se conçoit. En outre, disons-nous contre la même doctrine, il ne faut pas croire qu'il y ait dans un corps fini des corpuscules en nombre infini et d'une grandeur absolument quelconque. D'où il suit, d'abord, qu'il faut rejeter la division à l'infini, qui va toujours vers un plus petit en subdivisant chaque partie, si nous ne voulons pas enlever toute solidité aux choses ni réduire les êtres au non-être à force de les couper en morceaux en les cherchant dans l'enveloppement d'une composition sans terme. D'où il suit, en second lieu, qu'il ne faut pas même admettre dans un corps fini la possibilité de passer à l'infini d'un point à un autre, ni même d'une partie à une partie toujours plus petite. En effet, la division à l'infini poursuivie par la subdivision des parties est impossible. D'une part en effet, allant du tout aux parties, quand on nous a dit qu'il y a des corpuscules en nombre infini dans un corps, nous ne pouvons plus comprendre comment ces corpuscules ont encore un volume quelconque et, par là, de la réalité, puisqu'ils représentent le résultat d'une subdivision infinie ; et, d'autre part, allant des parties au tout, comment se ferait-il qu'avec un nombre infini de parties le corps fini dont on parle restât fini ? Les parties en nombre infini ayant évidemment une certaine grandeur, il arriverait, quelle qu'elle fût, que le corps en question aurait une grandeur infinie. À son tour, l'existence dans un corps d'un nombre infini de parties égales susceptibles de se séparer de leur tout et de changer de place, est également impossible. En effet, un corps fini a une extrémité qui, si elle n'est pas saisissable à part et en elle-même, est cependant perceptible dans le corps auquel elle appartient. Or, supposant un corps qui soit au-dessous du précédent par la petitesse, il n'y a pas moyen de ne pas le concevoir sur le même modèle que le premier, c'est-à-dire comme ayant lui aussi une extrémité inséparable de lui ; il n'y a pas moyen de penser qu'il n'en sera pas de même pour le corps suivant et pour tous les autres, à l'infini, qu'on rencontrerait en marchant de l'avant dans la petitesse croissante, de tels corps se présentant d'ailleurs à la pensée et non plus à la sensation. Maintenant il ne faut considérer le minimum sensible ni comme étant tout à fait semblable au corps assez grand pour admettre le passage d'une partie à une autre, ni comme étant tout à fait différent d'un tel corps, bien qu'on ne puisse percevoir et distinguer les parties dans ce minimum sensible. Mais si, en lui appliquant l'idée d'une communauté de nature entre lui et les corps dont les parties sont discernables, nous arrivons à concevoir jusqu'en lui des parties que nous plaçons l'une par ici, l'autre par là, nous nous trouvons, relativement à ces parties, dans le même cas que précédemment pour le tout. En conséquence de cette réflexion, nous considérons désormais ces minima sensibles comme une première donnée d'où il faut partir dans le monde sensible, sans descendre plus bas, et nous ne considérons pas dans cette première donnée une pluralité réunie en une seule et même chose, ni encore moins une réunion de parties de parties. Chacun de ces minima sensibles ne fait que fournir en lui-même et par lui-même une mesure pour les grandeurs sensibles, mesure qui se trouve contenue plus de fois dans les grandeurs plus grandes, moins de fois dans les grandeurs moindres. Or, il faut admettre que le minimum existant dans l'atome est, avec le reste de l'atome, dans le même rapport que le minimum sensible avec le reste du corps sensible : car il est clair que, ne différant du minimum sensible que par la petitesse, le minimum dans l'atome doit être au reste de l'atome ce que le minimum sensible est au reste du corps sensible. C'est déjà, en effet, par analogie avec les choses sensibles que nous avons attribué à l'atome une grandeur, partant de quelque chose de petit et nous contentant de reculer très loin les limites de la petitesse. Il faut donc croire aussi à l'existence de minima indivisibles et de termes ultimes et – indécomposables de la grandeur dans les atomes, et ces minima sont la mesure originaire qui sert à déterminer toutes les grandeurs, aussi considérables ou petites qu'elles soient ; toutes les grandeurs, disons-nous, autant du moins qu'il s'agit de considérer par la raison des choses invisibles. La communauté de nature qui existe entre les minima de grandeur dans les atomes et les minima sensibles qui n'admettent pas le passage de partie à partie suffit en effet pour nous conduire jusqu'à cette conclusion. Et il est impossible d'admettre que ces minima de grandeur dans l'atome aient pu exister isolément, recevoir du mouvement et se réunir pour constituer des agrégats.

On ne peut attribuer à l'étendue infinie de l'univers ni haut ni bas, du moins en entendant par là que ce haut est au plus haut possible et que ce bas est au plus bas possible. Néanmoins, depuis quelque point du sol que nous nous levions, il est certain que jamais le bas ne nous apparaîtra comme situé dans la direction qui s'élève au-dessus de notre tête, cette direction fût-elle prolongée à l'infini, et jamais le bas déterminé relativement à une chose quelconque supposée conçue, ne nous apparaîtra, quand même nous suivrions jusqu'à l'infini la direction qu'il indique, comme étant à la fois et par rapport à la même chose, le haut et le bas : car cela est inconcevable. Ainsi il y a moyen d'assigner un mouvement indéfiniment prolongé conçu comme tendant vers le haut, et un autre comme tendant vers le bas ; encore qu'il doive arriver mille fois, dans le parcours, qu'un mobile parti de chez nous vers les lieux supérieurs à notre tête, arrive aux pieds des êtres placés au-dessus de nous, ou que, inversement, un mobile, parti du bas chez nous, arrive à la tête des êtres placés au-dessous de nous. La distinction des deux mouvements se maintient, disons-nous, car chacun d'eux est, malgré tout, conçu comme opposé à l'autre à l'infini.

Lorsqu'ils sont emportés à travers le vide, les atomes ne rencontrent aucune résistance et, par conséquent, doivent tous être animés de vitesses égales. En effet, les atomes lourds ne se mouvront pas plus vite que ceux qui sont petits et légers, quand ni les uns ni les autres ne rencontrent aucun obstacle ; et les atomes de petit volume ne se mouvront pas plus lentement que les grands, quand les petits atomes eux-mêmes ne subissent aucune résistance, ce qui les rend capables d'accomplir un trajet quelconque en aussi peu de temps qu'on veut. Et cette égalité de vitesse dans le vide a lieu aussi bien pour le mouvement transversal imprimé par un choc que pour le mouvement vers le bas donné à chaque atome par son poids propre. Car, tant qu'un atome conservera l'impulsion qu'il a reçue d'un choc et celle qui lui vient de son propre poids, pendant tout ce temps il se mouvra aussi vite que la pensée, cela jusqu'à ce qu'une chose lui résiste soit en vertu d'une impulsion d'origine antérieure, dont elle serait elle-même animée, soit en vertu de son propre poids.

Mais il y a plus. Si nous considérons les composés eux-mêmes, l'un sera dit plus rapide que l'autre, les atomes composants ayant tous, où qu'on les prenne, la même vitesse, par le fait que les atomes contenus dans les agrégats tendent vers le même lieu dans le minimum de temps continu, même s'ils ne se meuvent pas vers le même lieu dans les temps perçus par la raison ; mais ils se heurtent souvent avant que la continuité du mouvement devienne perceptible par les sens. Et en effet cette opinion, formée par nous au moyen d'une inférence et prononçant sur l'invisible, savoir que les temps dont l'existence est perçue par la raison seule sont continus, n'est pas vraie relativement à ces corps-là : c'est ce qui est vu par les sens ou par représentation immédiate de la pensée qui est toujours vrai.

Après cela, nous devons étudier la nature de l'âme, en nous reportant pour éprouver chacune de nos assertions, aux sensations et aux affections : car c'est de cette manière que nous pourrons avoir en nos assertions la plus ferme confiance. Comprenons donc que l'âme est un corps composé de particules subtiles, disséminé dans tout l'agrégat constituant notre corps ; qu'elle ressemble beaucoup à un souffle mêlé d'une certaine quantité de chaleur, car elle est semblable d'une part au souffle et de l'autre à la chaleur ; mais qu'une certaine partie l'emporte de beaucoup en subtilité sur le souffle et la chaleur mêmes et que celle-ci, grâce à cela, est plus intimement unie à tout le reste de l'agrégat. C'est ce que rendent manifeste les facultés de l'âme, ses affections, ses mouvements rapides, ses pensées, bref tout ce dont la privation entraîne la mort. Il faut, aussi, bien se mettre dans l'idée que la cause principale de la sensibilité réside dans l'âme. Sans doute elle ne la posséderait pas si elle n'était enveloppée d'une certaine façon par le reste de l'agrégat. Mais, d'un autre côté, c'est grâce à l'âme que le reste de l'agrégat se trouve posséder lui aussi, sans partager d'ailleurs avec l'âme toutes les facultés de l'âme, la sensibilité comme accident : c'est pourquoi, lorsque l'âme se retire, le corps n'a plus la sensibilité. Car, encore une fois, il ne la possédait pas sur lui-même, mais seulement par le fait d'une autre chose mêlée à lui. Cette chose réalise sa faculté de sentir dans l'agrégat seulement, puis, quand cette faculté est réalisée, la chose suffit par elle-même à éprouver, dès qu'un mouvement est donné, une impression sensible, et cette sensibilité qui n'est pas en elle rigoureusement essentielle, elle la communique au reste de l'agrégat au moyen, comme je l'ai dit, de sa contiguïté et de son accord avec lui. Aussi l'âme étant la cause principale de la sensibilité, ne la perdra-t-elle jamais tant qu'elle sera présente dans l'agrégat, même si une partie de celui-ci a été enlevée ; et de quelques facultés de l'âme que la dissolution de l'agrégat, atteint dans son tout ou dans ses parties, entraîne la perte, toujours, tant qu'elle restera dans l'agrégat, elle conservera la sensibilité ; tandis qu'au contraire le reste de l'agrégat, demeurât-il intact dans son tout et dans ses parties, n'a plus la sensibilité dès que ce principe s'est retiré, je veux dire tout ce qu'il y a en lui d'atomes aptes à constituer la substance de l'âme. D'ailleurs, quand l'agrégat tout entier a achevé de se dissoudre, l'âme se dissipe et n'a plus les mêmes facultés ni les mêmes mouvements ni par conséquent la sensibilité non plus. Car il est impossible de concevoir que le principe sentant réside ailleurs que dans le système constitué comme nous le voyons, et puisse se passer des mouvements que nous voyons dans le reste de l'agrégat ; bref, il est impossible de concevoir que ce principe subsiste lorsqu'il n'est plus entouré de l'enveloppe et du milieu où nous le voyons manifester son activité. Il faut aussi se représenter ce qu'est l'incorporéité attribuable à l'âme, car on pourrait en venir à croire que le mot désigne quelque chose de proprement incorporel. On ne peut rien concevoir de proprement incorporel que le vide. Mais le vide ne peut ni agir ni pâtir : il ne fait que permettre aux corps de se mouvoir à travers lui. Par conséquent, ceux qui disent que l'âme est un être incorporel parlent pour ne rien dire. Si elle était incorporelle, en effet, elle ne pourrait agir ni pâtir ; or nous voyons avec évidence que ces deux accidents sont réellement éprouvés par l'âme. Telles sont nos doctrines sur la nature de l'âme. On devra se souvenir de ce que nous avons dit au début de cette lettre, et rapporter aux affections et aux sensations ces raisonnements au sujet de l'âme. On arrivera ainsi à posséder les vues dont nous avons indiqué les traits essentiels, et à les posséder assez bien pour approfondir avec sûreté, en se laissant guider par elles, toutes les études de détail sur la question.

Les formes, les couleurs, les grandeurs, les poids, bref, toutes les choses que nous rapportons aux corps comme attributs essentiels et perçus dans la sensation des corps, les attribuant à tous les corps ou seulement aux corps visibles, ces choses ne doivent être regardées ni comme existant par elles-mêmes et substantiellement, car cela est inconcevable, ni comme étant des êtres incorporels qui viendraient s'ajouter aux corps, ni comme étant des parties matérielles des corps. Il faut les regarder comme constituant intégralement par leur réunion la nature permanente des corps. Mais elles ne peuvent pas constituer par leur assemblage un agrégat concret, à la façon dont les corpuscules massifs, que ce soient des atomes ou des parties moindres que le tout, constituent, en se juxtaposant, un corps plus gros qu'eux. Ces choses sont seulement, comme je viens de le dire, ce qui fait par sa réunion la nature permanente des corps. Chacune de ces choses est l'objet d'un mode d'appréhension propre, mais la perception du corps concret est donnée en même temps, et elles ne sauraient s'en isoler, ne pouvant être posées que dans la notion d'ensemble du corps.

Les accidents, de leur côté, se rencontrent souvent dans les corps mais n'y sont pas attachés d'une manière permanente. Il ne faut pas en faire des êtres invisibles ou incorporels. Le mot dont nous nous servons pour les désigner, est pris par nous dans son sens le plus usité, et il ressort de ce sens qu'ils n'ont ni la nature du tout que, l'ayant pris dans son ensemble, nous appelons corps, ni celle des propriétés qui l'accompagnent en permanence. On les saisit et on les nomme au moyen de certaines appréhensions immédiates qui accompagnent celle des corps concrets ; mais, à quelque corps qu'on les voie arriver, les accidents ne sont jamais liés aux corps de façon permanente. Il ne faut pas bannir du domaine de l'être l'évidence des accidents, sous prétexte qu'ils ne sont pas de même nature que le tout substantiel auquel ils arrivent, ni que les attributs liés aux corps en permanence ; et il ne faut pas non plus croire qu'ils existent par eux-mêmes, car un tel mode d'existence n'est pas concevable, même pour les attributs essentiels et permanents ; mais il faut, car c'est l'évidence même, les regarder tous comme des choses qui arrivent aux corps ; et on ne doit pas les considérer comme des attributs permanents des corps ni comme des choses ayant par elles-mêmes rang de substances, mais il faut les prendre tels que la sensation elle-même les saisit et les pose.

À cette doctrine sur les accidents, il faut joindre, en la saisissant fermement, la conception suivante du temps. Il ne faut pas examiner le temps de la même manière que les autres choses, c'est-à-dire en nous reportant aux prénotions que ces choses ont laissées en nous ; car le temps n'est pas donné dans les êtres. Il faut prendre comme point de départ le fait évident qui nous conduit à affirmer que le temps est long ou court, en lui appliquant ce qualificatif par analogie. Il ne faut pas donner au temps, à la place des noms qui servent ordinairement à le désigner, d'autres noms qu'on croit préférables, mais il faut le désigner par les noms établis. Il ne faut pas non plus lui attribuer une nature étrangère à la sienne, et la présenter comme identique à son essence véritable : car c'est là un défaut dans lequel on tombe quelquefois ; mais seulement réfléchir fortement aux perceptions élémentaires, à l'aide desquelles nous constituons cette essence dans ce qu'elle a de propre, et dont nous partons pour mesurer le temps. Il n'y a pas en effet à démontrer, et l'on saisit par une simple réflexion, que nous composons le temps avec les jours et les nuits, avec nos affections et nos états d'impassibilité, avec les mouvements et les repos, concevant en tout cela un certain accident commun d'un caractère spécial, que nous nommons le temps.

Il faut admettre que le monde, et en général tout agrégat limité, se forment, par analogie avec ce que nous observons journellement, aux dépens de l'infini, tous ces mondes et tous ces agrégats limités se différenciant au sein des tourbillons grands ou petits et diversement constitués d'où ils proviennent. Puis, par une marche inverse, ils se dissolvent tous, les uns plus vite, les autres plus lentement ; les uns sous l'action de telles causes, les autres sous celle de telles autres causes. Il ne faut pas croire que les mondes aient nécessairement une seule et même forme. On doit admettre que dans tous les mondes, sans exception, il y a des animaux, des plantes et tous les autres êtres que nous observons, car personne ne saurait démontrer que tel monde est susceptible également de renfermer et de ne pas renfermer les germes des animaux, des plantes et des autres êtres que nous observons ; et, d'autre part, que tel autre monde est absolument incapable de renfermer de pareils germes.

On doit croire que la nature humaine apprend beaucoup au contact des choses, et se développe sous la pression des nécessités qu'elles lui imposent ; qu'ensuite le raisonnement perfectionne les dons de la nature et les complète par de nouvelles découvertes, plus vite dans certains cas, plus lentement dans d'autres ; que, dans certaines périodes de temps la nature humaine fait de plus grands progrès et dans d'autres des progrès moindres. Il résulte de cette doctrine que les noms ne se sont pas trouvés établis au début par institution et convention, mais que la nature humaine elle-même, au sein de chaque nation, éprouvant des affections particulières et recevant des images particulières, a fait sortir l'air des gosiers, d'une façon appropriée, selon qu'il était poussé au-dehors par chacune des affections et des images, ces façons d'émettre la voix étant aussi différentes que les diverses régions où se trouvent les nations. Dans la suite seulement, chaque nation a institué pour l'usage commun de ses membres les particularités de son langage propre, afin que ceux-ci puissent se désigner mutuellement les choses avec moins d'ambiguïté et plus de brièveté. Enfin, ceux qui introduisaient dans la communauté certaines choses qu'elle ne connaissait pas, se trouvant forcés d'en parler, fournissaient, eux qui connaissaient ces choses, des sons pour les désigner, et l'esprit des auditeurs s'assimilant ces sons par le raisonnement, en les associant à la cause observable qui en provoquait d'ordinaire l'émission chez les locuteurs, arrivait ainsi à interpréter ces mots nouveaux.

Il ne faut pas croire que les phénomènes célestes, les mouvements, les changements de direction, les solstices, les éclipses, les levers, les couchers et toutes les autres choses du même genre se produisent sous le gouvernement d'un être qui les règle ou doive intervenir un jour, s'il le faut, pour les régler, et à qui on attribue en même temps la béatitude et l'immortalité. Car les occupations, les soucis, les colères, les faveurs ne s'accordent point avec la béatitude, mais ont leur source dans la crainte ou dans le besoin qu'on éprouverait pour d'autres êtres avec lesquels on serait en rapport. Et il ne faut pas croire non plus que ce sont des foyers d'un feu constitué pour se mouvoir en cercle, et dont chacun posséderait la béatitude, qui sont animés, en vertu d'une volonté à eux, des mouvements que nous avons énumérés.

Mais il faut préserver, en le lui témoignant dans tous les noms qu'on lui donne, la majesté du divin, afin que, de noms peu convenables, nous ne tirions pas des opinions opposées à ce respect : faute d'agir ainsi, une contradiction de cette espèce suffira à porter le plus grand trouble dans les âmes. Ce qu'il faut croire, c'est donc que les révolutions des astres sont des mouvements nécessaires, et qu'elles s'accomplissent en conséquence de ce que les astres étaient compris dès l'origine dans ces tourbillons qui chacun engendrent un monde. On doit d'ailleurs admettre que la physique accomplit sa fonction en approfondissant la cause des principaux faits relatifs aux astres, que notre félicité puise dans la connaissance des phénomènes célestes, la détermination de leur nature, et il en va de même à propos de tous les phénomènes semblables dont l'approfondissement contribue au bonheur. Ajoutons qu'en pareille matière la pluralité des explications et la formule : il peut en être soit ainsi soit autrement, ne sont pas de mise ; mais qu'il faut prononcer d'une manière absolue que l'essence immortelle bienheureuse ne saurait rien impliquer qui soit capable d'apporter avec soi la dissolution et le trouble : car il est possible de saisir par la pensée qu'il en est absolument ainsi. Au contraire, ce qui rentre dans le domaine de la recherche au sujet des couchers et des levers, des solstices, des éclipses et choses de même ordre, la connaissance qu'on en peut avoir ne contribue plus au bonheur, car ceux qui la possèdent, sans savoir ce que sont les substances des astres et les causes principales de leurs mouvements, ceux-là sont aussi sujets aux frayeurs que s'ils ne savaient pas ce qu'ils savent, et peut-être même y sont-ils plus sujets, parce que l'étonnement qui résulte chez eux de ce qu'ils connaissent un plus grand nombre de ces phénomènes que les autres hommes, ne peut pas prendre fin par l'intelligence de l'ordre fondamental du monde. C'est pourquoi, si nous trouvons et indiquons plusieurs causes possibles des solstices, des couchers, des levers, des éclipses et des autres choses de ce genre, ainsi que cela a lieu pour les faits particuliers que nous observons sur la terre, il ne faut pas croire pour cela que notre besoin de connaissance relativement à ces choses n'a pas été pleinement satisfait, autant qu'il importe pour notre ataraxie et notre bonheur. Par conséquent, il faut considérer de combien de façons peuvent se produire les faits qui se passent sur la terre et sous nos yeux, puis partir de là pour indiquer les causes des phénomènes célestes qui leur ressemblent et, en général, de tous les faits invisibles qui ressemblent aux visibles. Nous mépriserons ceux qui ne connaissent pas les choses dont il n'y a qu'une explication unique et celles qui en comportent plusieurs, ceux qui, par suite des distances, ne savent pas voir comme il faut les phénomènes célestes, ceux qui ignorent quelles sortes d'explications sont insuffisantes pour procurer l'ataraxie. Si donc nous concevons qu'un phénomène puisse, outre une certaine cause, en avoir encore une certaine autre, qui suffise au même degré à assurer l'ataraxie, cette connaissance même de la possibilité de plusieurs explications nous procurera l'ataraxie tout aussi bien que si nous savions que le phénomène a lieu pour telle raison et non autrement. La réflexion qu'il importe le plus de faire sur tout cet ordre de faits en général, c'est que le trouble le plus grand que puisse éprouver l'âme humaine provient, en premier lieu, de ce que l'on considère les astres comme des êtres bienheureux et immortels, pendant que, d'autre part, on leur attribue des volontés, des actions et des opérations opposées à la béatitude et à l'immortalité ; et qu'il provient, en second lieu, de ce qu'on redoute sans cesse comme assurée ou comme possible, quelque peine terrible et éternelle, telle qu'il y en a dans les mythes, qu'on redoute même jusqu'à l'insensibilité de la mort, comme si celle-ci avait quelque rapport avec nous, éprouvant toutes ces affections en conséquence, non d'opinions mûries, mais de sentiments irréfléchis, de sorte que, quand on n'a pas défini ce qui est à craindre, on ressent autant ou même plus de trouble que ceux qui se sont fait des choses à craindre une juste opinion. L'ataraxie consiste à être délivré de toutes ces craintes, en conservant constamment le souvenir des vues d'ensemble et des doctrines principales que nous avons enseignées sur la nature.

Par conséquent, nous devons prendre en considération nos affections réelles et nos sensations, nos sensations communes s'il s'agit d'un sensible commun, nos sensations spéciales s'il s'agit d'un sensible propre ; en un mot, prendre en considération toute évidence à nous fournie par chacun des critères. Car en nous servant de ces données évidentes, nous déterminerons sans erreur la cause de notre trouble et de notre crainte et nous les ferons disparaître, qu'il s'agisse d'ailleurs de chercher la cause d'un phénomène céleste ou de quelqu'un des autres événements qui surviennent sans cesse, bref d'un de ces faits qui inspirent au reste des hommes une frayeur extrême.

Voilà, Hérodote, réduit aux principaux chefs, l'abrégé que j'entreprenais à ton intention sur la nature de l'univers. Il est tel que s'il devient efficace grâce à ce qu'on le retienne très exactement, l'homme qui le possédera, sans aller même jusqu'à approfondir les faits particuliers, aura, je pense, une force incomparable par rapport au reste des hommes. En effet, il sera capable d'éclaircir par lui-même beaucoup des explications de faits particuliers que nous avons approfondies dans notre traité complet, et, à d'autres égards, cet abrégé, fixé dans sa mémoire, lui sera d'un secours continuel. Il est tel en effet que ceux-là mêmes qui auront approfondi nos explications de détail, soit suffisamment soit même jusqu'à la perfection, pourront, en revenant à des vues d'ensemble comme celles-ci, faire dans la plupart des cas le tour de la nature. Et, d'autre part, ceux qui ne comptent pas tout à fait parmi les initiés de notre école, pourront à l'aide de cet abrégé, faire, à part eux et en silence, prompts comme la pensée, une revue circulaire des principaux points du système, suffisante pour leur procurer la sérénité.

LETTRE À PYTHOCLÈS

Épicure à Pythoclès, salut.

Cléon m'a apporté une lettre de toi. Tu m'y conserves tes sentiments amicaux, juste retour de l'intérêt que je prends à toi ; tu t'efforces, non sans succès, de t'y rappeler mes enseignements relatifs à la vie heureuse, et enfin tu m'y demandes de t'envoyer un exposé concis et peu volumineux de mes doctrines sur les phénomènes célestes, afin de t'en rendre le souvenir facile. Tu trouves en effet que mes autres écrits sur la question sont difficiles à retenir, bien que, dis-tu, tu les aies continuellement en main. J'ai accueilli ta requête avec plaisir et j'ai conçu à ton égard d'heureuses espérances. Aussi, puisque j'ai achevé d'écrire tout ce que j'ai cru nécessaire, je te fournis cet exposé sommaire que tu juges capable de servir à beaucoup d'autres que toi, à ceux principalement qui ne font encore que goûter à la véritable physique et à ceux qui sont pris trop profondément dans le cercle de quelqu'une des occupations courantes. Tâche donc de bien saisir ce qui va suivre, et, te l'étant mis dans la mémoire, parcours-le rapidement, ainsi que les autres parties de ma doctrine, dont j'ai fait part dans le petit abrégé envoyé à Hérodote.

Il faut commencer par se persuader qu'il en est des phénomènes célestes comme de tous les autres. La connaissance de ces phénomènes, qu'on les considère en connexion avec d'autres ou en eux-mêmes, ne peut avoir qu'un but, l'ataraxie et une ferme confiance. Ensuite, il ne faut pas vouloir faire violence à l'impossible lui-même, ni demander que la théorie de ces phénomènes soit en tout semblable à la discussion des différents genres de vies ou aux solutions claires que comportent des problèmes physiques d'un autre ordre, comme par exemple que l'univers se compose exclusivement des corps et de l'essence intangible, que les éléments sont insécables, et autres choses du même genre, dans l'étude desquelles on ne peut rester d'accord avec les phénomènes que par l'adoption d'une explication unique et seule possible. Cela n'a point lieu pour les phénomènes célestes. On peut, en restant d'accord avec les sensations, assigner à leur production plusieurs causes possibles et attribuer à leur essence plusieurs déterminations. Il ne faut pas en effet construire la physique en partant d'axiomes vides et de décrets arbitraires : il faut admettre seulement ce que réclament les phénomènes. Car ce qu'il nous faut désormais pour la vie, ce ne sont pas des théories sans raison et des opinions vaines, mais c'est vivre sans trouble. Or nous nous assurons une sérénité inébranlable au sujet des choses qui s'expliquent par plusieurs hypothèses également en accord avec les phénomènes, en laissant dûment subsister tout ce qu'on a dit de probable sur ces phénomènes. Que si, au contraire, on laisse subsister telle opinion et qu'on en rejette une autre qui s'accorde également avec les phénomènes, il est clair qu'on quitte le domaine de la physique pour tomber dans celui de la mythologie. Les phénomènes qui ont lieu près de nous et que nous pouvons observer apportent des indices sur ceux qui s'accomplissent dans le ciel, et qui peuvent se produire de plusieurs manières. On doit néanmoins observer l'aspect de chacun des phénomènes célestes et l'expliquer d'après ce qui s'y rattache, et dont on connaît déjà plusieurs manières possibles d'expliquer la production sans être contredit par les faits constatés près de nous.

Un monde consiste en une enveloppe céleste entourant les astres, la terre et tous les phénomènes. Cette enveloppe découpée au sein de l'infini se termine en une zone rare ou dense, dont la dissolution amènera la ruine de tout ce qu'elle contient ; et elle est soit animée d'un mouvement circulaire, soit arrêtée dans le repos. La forme en est ronde, triangulaire ou quelconque. Tous ces cas sont également possibles en effet : car cela n'est contredit par aucun phénomène de notre monde, dans lequel on ne peut pas apercevoir d'extrémité.

Il est aisé de comprendre qu'il y a une infinité de mondes tels que celui dont nous parlons, et qu'un monde de cette espèce peut se former soit au sein d'un monde, soit au sein d'un intermonde, mot qui nous sert à désigner un intervalle entre des mondes, cette formation d'un monde pouvant d'ailleurs avoir lieu même dans un espace en partie rempli, mais contenant beaucoup de vide, mais non pas, comme certains l'ont dit dans une vaste étendue de vide pur. La constitution d'un monde résulte de certains atomes appropriés qui ont afflué hors d'un monde ou d'un intermonde, ou bien hors de plusieurs mondes ou intermondes ; ces atomes, peu à peu, s'ajoutent les uns aux autres, s'organisent, vont même dans un autre lieu à l'occasion, reçoivent, jusqu'à l'achèvement du monde commencé, des courants d'atomes appropriés, et l'assemblage dure tant que ses fondements peuvent supporter les accroissements qui lui arrivent. Car il ne suffit pas, pour produire un monde, qu'il se forme dans un lieu où un monde peut naître, c'est-à-dire, comme on prétend, dans le vide, un rassemblement d'atomes et un tourbillon – cet assemblage s'accroissant sous la seule loi de la nécessité, jusqu'à ce qu'il aille en heurter un autre. Cette opinion d'un de ceux qu'on appelle « physiciens » est en contradiction avec les phénomènes.

Le soleil, la lune et les autres astres n'ont pas préexisté au monde où plus tard ils se seraient seulement trouvés compris : leur formation ne date que du commencement même du monde, et ils ont crû à la faveur d'apports et de tourbillons de certaines substances aux parties subtiles, de la nature du souffle ou de celle du feu ou de la nature de l'un et de l'autre : car c'est là ce que suggère la sensation. Quant à la grandeur du soleil, de la lune et des autres astres, elle est relativement à nous, telle qu'elle nous paraît être ; en soi, elle est plus grande, ou un peu plus petite que la grandeur perçue, ou enfin égale à celle-ci : car il en est ainsi pour la grandeur des feux que nous apercevons à distance sur la terre, lorsque nous venons à confronter les apparences avec la sensation que ces feux vus de près produisent en nous. Toute objection sur ce point peut se résoudre aisément pourvu qu'on s'attache aux faits évidents, et c'est ce que j'ai montré dans mon traité *De la nature*. Les levers et les couchers du soleil, de la lune et des autres astres peuvent en premier lieu se produire par des embrasements et des extinctions alternatifs, pourvu que les conditions du milieu ambiant en chacun des lieux soient telles que ce qu'on vient de dire puisse réellement se produire : car rien alors, dans les phénomènes, n'y contredit.

Les levers et les couchers peuvent encore être causés par l'émersion de l'astre au-dessus de la surface de la terre et par sa disparition ultérieure derrière un corps interposé : car rien dans les phénomènes ne contredit cette explication non plus. Quant aux mouvements des astres, il n'est pas impossible qu'ils aient lieu soit par suite d'un tourbillon qui emporterait tout le ciel, soit, le ciel restant immobile, par suite d'un tourbillon à eux propre, engendré par la nécessité dès l'origine, à la naissance du monde, quand ils se levèrent dans le ciel. Le mouvement des astres peut encore s'expliquer par leur chaleur extrême qui fait que le feu qu'ils portent faisant toujours des progrès, ils sont entraînés d'un lieu au suivant pour atteindre de la matière combustible. Les reculs du soleil et de la lune peuvent avoir lieu soit par suite d'une inclinaison du ciel se produisant nécessairement et à des époques fixes soit ; aussi bien, par suite de courants d'air alternatifs ; soit encore parce que les deux astres brûlent, en s'avançant, la matière combustible qu'ils rencontrent, et s'arrêtent quand elle manque ; soit enfin parce que, dès le commencement du monde, ces deux astres ont été emportés dans le mouvement tournant d'un tourbillon qui leur fait décrire une hélice autour de la terre. Aucune de ces explications en effet n'est en désaccord avec les faits évidents, ni non plus les autres explications du même genre qu'on peut donner dès qu'on se résout, dans l'étude de phénomènes particuliers de cette espèce, à s'en tenir à ce qui est possible, ramenant chacun d'eux à s'accorder avec les phénomènes dans sa production, sans qu'on s'astreigne d'ailleurs aux artifices serviles des astronomes.

Le décours et le cours de la lune peuvent se produire soit par la révolution de ce corps céleste, soit aussi bien par des configurations que prendrait l'air ; soit encore par l'interposition d'un corps opaque ; soit enfin par quelque procédé que ce soit que nous suggèrent les phénomènes qui arrivent près de nous pour rendre compte des diverses formes prises par la lune : car il ne faut pas se prendre d'amour pour une explication unique et rejeter les autres sans raison, faute d'avoir considéré ce qu'il est possible et ce qu'il est impossible pour l'homme de connaître, en se laissant ainsi entraîner à prétendre connaître l'impossible. Quant à la lumière de la lune, il est possible qu'elle la tienne d'elle-même, possible aussi qu'elle la reçoive du soleil. En effet, il y a sur la terre beaucoup de choses qui tiennent leur lumière d'elles-mêmes, beaucoup d'autres qui la reçoivent d'une source extérieure. Et, d'autre part, il n'y a rien dans les phénomènes célestes qui fasse obstacle soit à l'une soit à l'autre des hypothèses, si l'on a toujours en mémoire la méthode des explications multiples, et qu'on s'attache à considérer sur le même pied les hypothèses qu'elle requiert et les causes appropriées au lieu de se complaire à considérer les faits qui ne s'accordent pas avec chacune d'elles, et d'accumuler vainement ces difficultés de façon à tomber, à la suite d'une élimination, dans une explication unique, tantôt dans celle-ci, tantôt dans celle-là. Pour ce qui est de l'espèce de visage que l'on voit dans la lune, cette apparence peut résulter soit de la nature différente des diverses parties de la lune, soit de l'interposition d'un corps entre la lune et nous, soit de toute autre circonstance parmi celles dont on peut s'aviser en restant d'accord avec les phénomènes. Car telle est la méthode qu'il ne faut jamais abandonner quand il s'agit des phénomènes célestes. Si, en effet, on se met une fois dans ce domaine, en contradiction avec ce qui est évident, jamais on ne pourra participer à l'ataraxie véritable.

Les éclipses du soleil et de la lune peuvent avoir lieu soit par suite de l'extinction de ces astres, ainsi qu'on le constate dans certains phénomènes terrestres ; soit ensuite, par l'interposition, entre ces astres et nous, de la terre ou de quelque autre corps opaque comme elle. C'est ainsi qu'il faut considérer sur le même pied les unes et les autres des explications spéciales, sans perdre de vue que le concours simultané de plusieurs n'est pas impossible. Quant à l'ordre régulier des saisons et des phases de la lune, il faut le prendre tel qu'il est par comparaison avec la régularité qu'on observe sur la terre dans certains phénomènes ; et il ne faut nullement, pour rendre compte de cette régularité, faire appel à la nature divine. Ne la chargeons pas de fonctions et conservons-lui toute sa béatitude. Car si nous ne faisons pas ainsi, la recherche des causes des phénomènes célestes deviendra vaine tout entière : c'est ce qui est déjà arrivé à plusieurs qui, au lieu de s'attacher à la seule méthode possible, sont tombés dans les opinions vaines, parce qu'ils ont pensé que les phénomènes célestes ne pouvaient recevoir qu'une explication unique, rejetant toutes les autres explications qu'on pouvait concevoir comme possibles, et mettant ainsi la pensée en présence de quelque chose qu'elle ne peut pas saisir ; parce qu'enfin ces hommes étaient incapables d'embrasser d'un seul regard l'ensemble des phénomènes terrestres divers qu'il faut prendre au même titre comme points de départ d'inférences sur les phénomènes célestes.

L'inégalité des jours et des nuits peut être produite soit par la rapidité des mouvements du soleil au-dessus de la terre et par une lenteur qui succède à cette rapidité, soit parce que la longueur des espaces à parcourir est variable et que le soleil parcourt certains d'entre eux plus rapidement, d'autres plus lentement, ainsi que nous le voyons arriver pour certaines choses sur la terre, sorte de phénomènes avec lesquels il faut mettre d'accord ce qu'on avance sur les phénomènes célestes. Ceux qui choisissent une explication unique se mettent en contradiction avec les phénomènes et ils se privent du seul genre d'explication que l'homme puisse atteindre.

Les signes annonciateurs du temps peuvent se produire soit en vertu de coïncidences, de même qu'il y a coïncidence entre l'état de la température et les migrations de certains des animaux visibles près de nous ; soit par suite d'altérations et de changements imprimés à l'air. Car ces deux explications sont également compatibles avec les phénomènes ; mais il est impossible d'apercevoir dans quel cas la causalité opère selon l'une ou l'autre d'entre elles.

Les nuages peuvent se produire et se rassembler, soit par suite de condensations de l'air, déterminées par les vents, soit par suite de l'enlacement de certains atomes aptes à s'accrocher les uns aux autres et à former ainsi des nuages, soit par suite de la réunion de certains courants émanés de la terre et des eaux ; enfin la formation des nuages peut encore avoir lieu de beaucoup d'autres manières. Quand ils sont formés, l'eau qu'ils répandent peut provenir soit d'une pression mutuelle des nuages, soit d'une altération survenue en eux. La pluie peut encore provenir du choc contre les nuages de certains vents venus à travers l'air de lieux appropriés. Les ondées sont d'ailleurs plus violentes quand elles proviennent de certains amas de nuages aptes à répandre de telles ondées.

Le tonnerre peut se produire soit par suite du roulement à l'intérieur des nuages, ainsi que cela a lieu à l'intérieur de nos récipients, soit par suite du son grave que rend le feu venant à se condenser en souffle au sein des nuages, soit par suite de la déchirure et de la dispersion des nuages, soit par suite de froissements, de poussées, entre nuages ayant pris la consistance de la glace ; en un mot, les phénomènes nous suggèrent plusieurs explications de ce fait du tonnerre comme des autres. Les éclairs, à leur tour, peuvent également se produire de plusieurs manières. Il se peut que, par suite du frottement et du choc mutuel des nuages, des corpuscules conformés pour donner du feu s'échappent et engendrent l'éclair. Il se peut que les vents agissant comme des soufflets fassent jaillir hors des nuages des corps qui produisent la lueur en question. Il se peut encore que les vents ou la pression mutuelle des nuages expriment les éclairs du sein de ceux-ci. Il se peut que la lumière répandue par les astres se soit accumulée à l'intérieur des nuages et que le choc des autres nuages et du vent l'en fasse tomber tout d'un coup à travers les nuages. Il se peut que la partie la plus subtile de la lumière filtre à travers les nuages et se mette en mouvement. Il se peut que le vent s'enflamme en conséquence d'une translation rapide et d'une rotation très vive. Il se peut que les nuages se déchirent sous l'action du vent et qu'il en tombe des atomes produisant du feu et prenant l'aspect de l'éclair. Il y a encore plusieurs autres explications possibles qu'on découvrira sans peine, pourvu qu'on se laisse guider par les phénomènes terrestres, et qu'on soit capable d'embrasser d'un regard l'ensemble des choses qu'on peut concevoir à leur ressemblance dans le ciel. Que si l'éclair devance le tonnerre dans les orages, c'est parce que les corpuscules propres à produire l'éclair s'échappent des nuages aussitôt qu'ils ont été frappés par le vent, tandis que le vent ne produit le tonnerre qu'un peu après, en roulant à travers les nuages. C'est peut-être aussi que, l'éclair et le tonnerre tombant en même temps, l'éclair nous parvient avec plus de vitesse, tandis que le tonnerre va plus lentement ; car c'est ce que nous voyons arriver sur la terre pour certains corps que nous apercevons à distance frappant d'autres corps dont le son ne nous parvient qu'après. La foudre peut se produire par suite du rassemblement de beaucoup de vents, de leur tourbillonnement violent, de leur embrasement, de la brisure du courant dans l'une de ses parties et de la chute violente qui s'ensuit vers les lieux inférieurs, cette brisure ayant lieu parce que les lieux voisins sont rendus plus denses par la compression des nuages. La foudre peut encore se produire, de même que le tonnerre aussi, par la chute et le tourbillonnement du feu qui, devenu trop abondant, se condense en souffle, se trouve par là plus fort, et brise les nuages, faute de pouvoir avancer une fois qu'il les a déjà poussés les uns contre les autres. Il y a encore beaucoup d'autres explications possibles de la foudre. Qu'on tienne seulement le mythe à l'écart, et l'on y parviendra, pourvu qu'on se laisse conduire par les phénomènes dans les inférences sur les choses cachées.

Les cyclones peuvent être produits par un nuage qui sous la poussée d'un vent violent descend en forme de colonne vers les lieux inférieurs, est animé par le fait de ce vent d'un mouvement rotatoire, et subit en même temps une translation horizontale sous l'action d'un vent intérieur. Les cyclones peuvent encore être produits par un vent qui se forme en cercle et qui d'ailleurs est poussé d'en haut par un courant d'air. Ils peuvent enfin être produits par le cours abondant d'un vent qui ne peut s'écouler latéralement à cause de la condensation de l'air ambiant. Lorsque le cyclone descend sur la terre, il se forme un tourbillon ; lorsqu'il descend sur la mer, c'est un tournant d'eau.

Les tremblements de terre peuvent être produits par du vent enfermé dans la terre, lequel environne les petites masses de cette dernière et leur imprime un mouvement continuel – ce qui provoque la secousse sismique.

Et ce vent est entré du dehors dans la terre, ou bien il provient de ce que l'air enfermé dans les cavernes souterraines a été transformé en vent par l'agitation qu'ont causée en lui, en s'affaissant, les parties de terre qui soutiennent la surface. Les tremblements de terre peuvent encore être produits par la propagation du mouvement causé par la chute d'une masse considérable de couches terrestres et par son rebondissement, lorsqu'elle s'est heurtée dans cette chute, contre des masses de terre plus denses et plus solides qu'elle. Ces agitations de la terre peuvent d'ailleurs s'expliquer par d'autres causes encore.

Les vents se produisent de temps en temps, en conséquence d'une altération de l'air lente et progressive. Les vents peuvent encore être produits par l'air qui sort de grandes masses d'eau. D'autres vents se produisent en conséquence de la chute d'un peu d'air dans les nombreuses cavernes de la terre et de sa distribution dans tous les sens. La grêle se forme par la congélation violente (de l'eau des nuages) environnés de tous côtés par des vents, cette eau gelée se fendant ensuite en parcelles. Elle peut aussi se former par la congélation moins violente d'éléments aqueux qui se trouvent environnés de souffles d'air, lesquels font deux choses à la fois, d'une part resserrant les éléments aqueux et, de l'autre, les séparant, pour arriver à ce double résultat que les éléments aqueux se congèlent en petites quantités séparées, et en consistance serrée. Quant à la forme ronde de la grêle, il n'est pas impossible qu'elle résulte de l'émoussement de tous les angles, suite d'un long trajet dans l'air. Elle peut aussi résulter de ce que, lors de la constitution même de la grêle, une atmosphère aqueuse ou aériforme entoure, comme nous l'avons dit, chaque grêlon en le pressant uniformément de tous côtés.

La neige peut être formée par les gouttes de l'eau la plus subtile, filtrant à travers les portes des nuages qui répondent à leurs dimensions, lorsque les nuages convenables pour cela se trouvent pressés par les vents ; et les gouttes se congèlent ensuite dans leur chute à cause du refroidissement interne qu'elles subissent dans les régions situées au-dessous des nuages. La neige peut encore être produite par congélation au sein même de nuages d'une porosité uniforme, l'expulsion de la neige ayant lieu lorsque les parties aqueuses qui sont voisines dans un nuage se trouvent pressées les unes contre les autres. Le frottement mutuel de deux nuages congelés peut encore faire jaillir et rebondir des amas de particules neigeuses. Il y a encore d'autres explications possibles de la neige.

La rosée se produit par le rassemblement, à partir de tous les points de l'air, des corpuscules capables de constituer cette sorte d'humidité ; elle peut encore se produire par l'élévation dans l'air de l'humidité que possèdent les lieux mouillés ou couverts d'eau, lieux où l'on voit surtout se former la rosée, puis par le rassemblement de ces éléments humides en un même point de façon à constituer une atmosphère humide, et enfin par la chute de cette humidité : car nous voyons souvent quelque chose de semblable à cela se produire dans ceux des phénomènes qui se passent sur la terre même. Le givre ne se produit pas autrement que la rosée, des particules de rosée venant à subir une certaine espèce de congélation, parce qu'elles se trouvent entourées d'air froid.

La glace est produite par l'expulsion hors de l'eau des atomes de forme ronde, et par la réunion des atomes de figure inégale et anguleuse qui se trouvent dans l'eau. Elle peut aussi se produire parce que des atomes de cette dernière sorte viennent du dehors s'ajouter à l'eau et en provoquer la congélation, après avoir expulsé une certaine quantité d'atomes ronds.

L'arc-en-ciel se produit lorsque le soleil envoie sa lumière contre l'air chargé d'eau, ou encore par suite d'un mélange spécial de lumière et d'air, mélange qui forme toutes les couleurs de l'arc-en-ciel ou qui forme seulement une de ces couleurs ; alors, cette couleur rayonnant à son tour comme le soleil, les parties de l'air qui avoisinent prennent les couleurs que nous observons dans l'arc-en-ciel, parce que la première couleur envoie ses rayons sur les autres parties de l'arc. Quant à l'aspect circulaire que présente l'arc-en-ciel, il est produit par le fait que notre œil le perçoit à des distances égales de toute part à partir de l'œil. Cet aspect peut encore être produit par le fait que les atomes qui sont dans l'air, ou ceux qui, dans les nuages, proviennent du même air, se rassemblent sous une forme telle que cet assemblage nous offre l'apparence d'un cercle. Les halos autour de la lune se produisent parce que l'air se trouve porté de toutes parts vers la lune, ou bien parce que les effluves issus de cet astre sont repoussés par l'air avec une intensité égale de toutes parts, en telle sorte qu'ils viennent se ranger autour de l'astre en un cercle nébuleux et qu'ils ne peuvent pas se disperser. Il est encore possible que l'air repousse de toutes parts avec une force égale l'air qui entoure la lune, de façon à disposer celui-ci circulairement autour de l'astre dans un certain état de condensation. Les couronnes partielles autour de la lune proviennent d'un certain courant extérieur qui pousse violemment l'air contre l'astre, ou de ce que sa chaleur s'échappe par certains passages disposés de façon à produire l'apparence dont il s'agit.

Les comètes sont produites par des feux qui, de temps en temps, se forment et se nourrissent par un concours d'atomes appropriés en certains endroits du ciel. Elles peuvent encore être produites par un certain mouvement spécial que le ciel prend au-dessus de nous de telle sorte que des astres de ce genre font leur apparition. Peut-être aussi, à certaines époques et grâce à des circonstances favorables, ces astres eux-mêmes s'élancent-ils vers les lieux situés au-dessus de notre horizon, le ciel restant immobile. La disparition des comètes a lieu en vertu de causes opposées à celles de leur apparition.

Il y a des astres qui tournent toujours dans la même place (c'est-à-dire sans changer de position par rapport aux autres astres fixes). Or cela peut avoir lieu non seulement parce que la région des étoiles fixes serait, ainsi que certains l'ont soutenu, immobile, pendant que le reste du monde et la terre même tourneraient en face d'elle ; mais encore parce que tous les astres de cette région seraient emportés par un tourbillon circulaire où ils seraient enveloppés, et d'où, par conséquent, ils ne sauraient sortir dans aucune direction pour circuler hors de leur région et isolément comme les astres non fixes. Il peut encore se faire que les étoiles fixes conservent entre elles les mêmes situations parce qu'en avançant pour en sortir dans une direction quelconque, elles ne trouveraient plus, pour s'alimenter, la matière combustible qu'il leur faut et qu'elles trouvent dans leur siège. Et cela peut encore s'accomplir de beaucoup d'autres manières, pourvu qu'on soit capable de faire des inférences conformes aux phénomènes.

Il y a des astres dont la course est errante, s'il est vrai que leurs mouvements sont effectivement tels, et il y en a d'autres, qui tout en n'étant pas fixes, suivent du moins dans leur révolution une courbe régulière. Or cela peut avoir lieu parce que les uns parmi les astres non fixes ont reçu, dès le commencement du monde, en vertu de nécessités naturelles, un mouvement circulaire tel qu'on le pouvait attendre d'un tourbillon astreint à décrire une courbe régulière, tandis que les autres ont été emportés par les tourbillons décrivant des courbes présentant certaines anomalies.

Il se peut encore que, si les astres non fixes sont portés par des courants d'air, les lieux où les uns se meuvent comportent des courants d'air qui exercent leur effort suivant une courbe régulière et fassent toujours avancer l'astre vers le même but, le faisant brûler ainsi sous nos yeux le long d'une courbe régulière, tandis que les lieux où se meuvent les autres astres non fixes comportent des courants d'air dont les efforts s'exercent suivant des courbes qui présentent certaines anomalies, de façon à produire les changements de route que nous observons. Assigner à ces faits une cause unique, alors que les phénomènes nous suggèrent plusieurs causes possibles, c'est une preuve de folie et une impertinence de la part des zélateurs d'une astronomie vaine, qui invoquent des causes vides de sens en faisant intervenir les dieux, au lieu de les laisser libres de toute fonction comme l'exige leur nature. Quant au fait que, parmi les astres non fixes, les uns sont laissés en arrière par les autres, il peut provenir de ce que quelques-uns d'entre eux sont emportés plus lentement que les autres, quoique suivant le même cercle ; il se peut aussi que les astres qui paraissent les plus lents aient à subir un mouvement contraire à leur mouvement principal, se trouvant repoussés par un tourbillon capable de produire cet effet ; il se peut enfin que parmi les astres non fixes, tous entraînés par le mouvement circulaire d'un même tourbillon, les uns, se mouvant plus loin du centre de la courbe décrite par ce tourbillon, parcourent une plus grande distance, tandis que les autres en parcourent une moindre étant plus rapprochés du centre. Donner du fait qui nous occupe une explication unique est bon à ceux qui veulent se faire passer aux yeux de la multitude pour des hommes prodigieux.

Les étoiles filantes peuvent provenir tantôt d'un frottement des nuages suivi d'une chute de feu là où le feu viendrait à se condenser en souffle, comme nous avons dit à propos des éclairs ; tantôt d'un rassemblement d'atomes propres à produire le feu, rassemblement convenable à l'accomplissement de cet effet et suivi d'un mouvement du feu selon la direction même dans laquelle il a été lancé par les directions composées des atomes réunis ; tantôt enfin d'un rassemblement de vents sous la forme d'une nuée épaisse, celle-ci venant à s'embraser en conséquence d'une rotation, puis le feu brisant ce qui l'enveloppe et se portant vers le lieu où il est lancé par les impulsions qu'il a subies. Et il y a encore d'autres procédés susceptibles de nous faire parvenir à ce même résultat, sans qu'on recoure au mythe.

Les signes annonciateurs du temps, qu'on tire du fait que certains animaux célestes ou constellations se lèvent en même temps que le soleil, n'ont lieu que par une coïncidence. Car les animaux célestes ne présentent rien en eux qui puisse déterminer la production du mauvais temps ; et d'autre part, il n'y a pas une nature divine qui s'occupe à observer les levers de ces animaux pour accomplir ensuite par sa puissance ce que ces signes annoncent. Car il n'y a pas d'être animé quel qu'il soit, pour peu qu'il ait d'intelligence, qui tombe dans une folie assez grande pour se livrer à une pareille occupation ; bien moins encore, un être possédant la béatitude parfaite.

Rappelle-toi tout ce que je viens de te dire, Pythoclès. Par là en effet tu sortiras décidément de la mythologie et tu te rendras capable de saisir les autres choses du même genre que celles-ci. Toutefois, tu dis surtout te consacrer à méditer sur les principes des choses, sur l'infinité de l'univers et les questions de même ordre ; puis aussi sur les critères de la vérité et sur les affections, sans oublier le but en vue duquel nous avons étudié tout cela. Car ces vues d'ensemble te permettront de déterminer aisément les causes des faits particuliers. Mais ceux qui n'aimeront pas ces choses-là par-dessus tout, ceux-là ne comprendront jamais bien les questions dont il s'agit, et jamais ils n'acquerront ce qui est le but de l'étude qu'on en fait.

MAXIMES

Traduites du grec par l'abbé Charles Batteux

I

L'être qui est heureux et immortel n'a lui-même, ni ne cause à qui que ce soit, aucune peine. Il ne se fâche ni ne sait gré de rien : ces sentiments sont des marques de faiblesse.

II

La mort ne nous fait rien. Ce qui est décomposé ne sent point, et ce qui ne sent point ne nous fait rien.

III

La suprême volupté est la délivrance de tout ce qui fait mal : partout où il y a volupté, tant qu'elle y est, il n'y a ni douleur ni tristesse.

IV

Nulle douleur du corps ne dure longtemps sans quelque interruption : si elle est au plus haut degré, elle finit bientôt ; si elle dure plusieurs jours, elle a des moments de repos. Les maladies qui durent ont des repos qui font plus de plaisir que la douleur n'a fait de mal.

V

On ne peut vivre heureux qu'en suivant la prudence, l'honnêteté, la justice ; ni pratiquer ces vertus sans être heureux : de sorte que celui qui n'est ni prudent, ni honnête, ni juste ne peut manquer d'être malheureux.

VI

Le pouvoir suprême qui nous procure un moyen de sûreté de plus est toujours un bien, par quelque voie qu'on y arrive.

VII

Il y a des hommes qui ont recherché l'éclat et le pouvoir de la fortune pour se procurer un moyen de sûreté de plus. S'ils sont arrivés par là au repos parfait, ils ont acquis le plus grand bien qui soit dans la nature. S'ils n'ont pu y arriver, ils ont été grands à pure perte.

VIII

Nulle volupté n'est un mal par elle-même ; mais il y a tel objet qui, procurant des plaisirs, procure de plus grandes douleurs.

IX

Si la volupté consistait dans la réunion de tous les plaisirs que l'homme peut goûter, tant par le corps que par l'esprit, les voluptés ne différeraient point entre elles.

X

Si les voluptueux trouvaient dans les objets qui leur procurent la volupté le remède à la crainte des phénomènes, de la mort et de la douleur – et outre cela, les bornes que la cupidité doit se prescrire –, je ne trouverais rien à reprendre dans leur état. Ils seraient heureux par la volupté, sans douleur aucune, ni peine d'esprit.

XI

Si nous n'avions point de soupçons fâcheux à la vue de ce qui se passe dans le ciel, ni d'inquiétude sur la mort, et que nous connussions les limites du besoin et de la douleur, la Philosophie nous serait entièrement inutile.

XII

Quand on est frappé des craintes qu'inspirent les fables du vulgaire, on ne peut s'en délivrer que par l'étude de la nature : sans cette étude, point de plaisirs purs.

XIII

Ce n'est rien de ne pas craindre les hommes, si on a quelque inquiétude sur les causes qui sont au-dessus de nos têtes, ou sous nos pieds, ou dans l'infini.

XIV

Comme la tranquillité qu'on peut se procurer par le moyen des autres hommes ne va pas jusqu'à un certain point, il y a un art de s'en procurer une parfaite à soi-même : c'est de simplifier ses besoins, de se dégager de beaucoup de choses, et de se contenter de peu.

XV

Les richesses dont la nature est satisfaite sont bornées : on les a aisément. Les autres ne le sont point : on ne les obtient jamais.

XVI

Le sage laisse peu de chose au pouvoir de la fortune. La raison et la prudence ont toujours gouverné et gouvernent ce qu'il y a de plus essentiel dans la vie.

XVII

L'homme juste est le plus tranquille de tous les hommes. L'injuste l'est le moins.

XVIII

La volupté ne s'augmente point, quand une fois le besoin réel est satisfait. Elle ne fait plus que varier.

XIX

La perfection de l'âme quant au plaisir est l'extinction de toute opinion capable de lui inspirer de la crainte.

XX

À en juger par la nature même du plaisir, qu'il soit fini ou infini en durée, il n'importe.

XXI

Si le plaisir du corps pouvait être sans bornes, il faudrait un temps sans bornes pour le produire.

XXII

Si l'esprit instruit des facultés limitées du corps et délivré des craintes de l'éternité a fait de la vie un tissu aussi parfait qu'il pouvait l'être, il ne désire point l'immortalité : il est heureux, lors même que certaines circonstances l'obligent à quitter la vie. Il fait qu'il n'abandonne que quelques moments d'un temps incertain.

XXIII

Celui qui connaît les vrais besoins de la nature, sait combien il est facile de se délivrer des maux de l'indigence et de se faire des provisions pour toute la vie. Il n'y a ni combats à essuyer, ni efforts pénibles.

XXIV

Il faut bien connaître les fins de la morale, les avoir toujours présentes à l'esprit, afin que l'on puisse y ramener les jugements, sans quoi toute la vie sera pleine d'incertitude et de troubles.

XXV

Si vous rejetez le témoignage des sens, sans exception, vous vous ôtez à vous-même les moyens de réfuter les sensations que vous croyez fausses ; vous n'avez plus de règle où vous puissiez ramener vos jugements.

XXVI

Si vous rejetez le témoignage de quelqu'un des sens, et que vous ne distinguiez pas entre les jugements confirmés par l'expérience et les idées qui naissent sur-le-champ par les sensations, par les affections, par toutes les impressions qui se font sur l'esprit ; vous mettrez le trouble même dans les autres sensations confirmées : il ne vous restera plus de moyen pour juger.

XXVII

Si vous vérifiez toutes les sensations qui ont besoin de l'être, et que vous n'en adoptiez aucune qui soit destituée de cette vérification, vous serez toujours sur vos gardes lorsqu'il s'agira de prononcer.

XXVIII

Si vous ne rapportez point toutes vos actions aux fins de la nature, et que pour fuir ou rechercher un objet vous soyez déterminé par quelque autre point de vue, votre conduite ne sera point d'accord avec vos discours.

XXIX

Parmi les objets de nos désirs, les uns sont naturels sans être nécessaires, d'autres sont naturels et nécessaires ; les autres, enfin, ne sont ni naturels ni nécessaires, mais l'ouvrage de la fantaisie et du caprice.

XXX

Les désirs naturels qui ont pour objet des choses dont on peut se passer sans douleur ne sont violents, quand ils le sont, que parce que l'opinion ajoute à ces choses ce qu'elles ne sont point : et ce n'est que par la fausse idée qu'on s'en est faite qu'elles nous emportent.

XXXI

Les désirs auxquels on peut se refuser, sans que la douleur s'ensuive, n'ont point pour objet des choses nécessaires : ce ne sont que des appétits désordonnés, aisés à dissiper, surtout si l'objet est par lui-même difficile à obtenir, ou qu'il soit cause de quelque dommage.

XXXII

De tous les biens que la sagesse procure à l'homme pour le rendre heureux, il n'en est point de plus grand que l'amitié. C'est en elle que l'homme, borné comme il l'est par sa nature, trouve la sûreté et son appui.

XXXIII

C'est la même sagesse qui a montré à l'homme qu'il n'y a point de douleur qui ne finisse, ni même qui dure longtemps.

XXXIV

Le droit de la nature s'explique par l'utilité réciproque : c'est une convention de ne pas se nuire réciproquement.

XXXV

Il n'y a ni juste ni injuste entre les animaux qui n'ont pu faire des conventions de ne pas se nuire. Par la même raison, il n'y en a point entre les hommes qui n'ont point voulu, ou point pu, convenir ensemble de ne pas se nuire réciproquement.

XXXVI

La justice de soi n'est rien. Elle n'a lieu que par les traités, en quelque lieu qu'habitent les nations qui contractent.

XXXVII

L'injustice par elle-même n'est point un mal. Elle ne l'est que parce qu'elle laisse après soi la crainte des vengeurs des lois.

XXXVIII

Il n'est point possible que celui qui a violé les conventions qu'il a faites, se sente assuré du secret jusqu'à sa mort, quelque bien caché qu'il soit dans le moment.

XXXIX

En général, ce qu'on appelle justice est la même chose partout : la raison de l'utilité réciproque. Mais les lieux et les circonstances lui donnent des variétés.

XL

Si ce qu'on a cru juste se trouve réellement utile à la société, il est vraiment juste. S'il ne se trouve pas utile, il cesse d'être juste.

XLI

Si une loi est tantôt utile et tantôt non utile, elle est juste quand elle est utile. Cela est clair pour quiconque ne s'embarrasse point de mots vides de sens.

XLII

Quand le juste qu'on avait cru utile ne l'est pas effectivement, sans qu'il y ait eu changement dans les circonstances, cela prouve qu'il n'était pas juste. Si c'est par le changement des circonstances qu'il a cessé d'être utile, il a cessé alors d'être juste.

XLIII

Quiconque veut vivre sans craindre rien de ce qui est au-dehors, ne doit rien entreprendre que de se procurer ce qui est à sa portée : il doit regarder comme hors de lui tout ce qu'il ne peut se donner ; s'abstenir de beaucoup de choses et, surtout, de celles dont il est inutile de jouir.

XLIV

Ceux qui ont eu le talent de se procurer par leurs environs une sécurité entière, ceux-là ont passé leur vie agréablement dans le sein de l'amitié et de la confiance réciproque : et quand il a fallu perdre ces amis si chers, ils ne se sont point plaints que la mort les eût enlevés trop tôt.

Achevé d'imprimer en Italie par Grafica Veneta
en février 2017
Dépôt légal mars 2017
EAN 9782290143582
OTP L21ELLN000798N001

—

Ce texte est composé en Lemonde journal et en Akkurat

—

Conception des principes de mise en page :
mecano, Laurent Batard

—

Composition : PCA

—

ÉDITIONS J'AI LU
87, quai Panhard-et-Levassor, 75013 Paris
Diffusion France et étranger : Flammarion